BEI GRIN MACHT SICH IHR WISSEN BEZAHLT

- Wir veröffentlichen Ihre Hausarbeit, Bachelor- und Masterarbeit

- Ihr eigenes eBook und Buch - weltweit in allen wichtigen Shops

- Verdienen Sie an jedem Verkauf

Jetzt bei www.GRIN.com hochladen und kostenlos publizieren

Bibliografische Information der Deutschen Nationalbibliothek:

Die Deutsche Bibliothek verzeichnet diese Publikation in der Deutschen Nationalbibliografie; detaillierte bibliografische Daten sind im Internet über http://dnb.d-nb.de/ abrufbar.

Dieses Werk sowie alle darin enthaltenen einzelnen Beiträge und Abbildungen sind urheberrechtlich geschützt. Jede Verwertung, die nicht ausdrücklich vom Urheberrechtsschutz zugelassen ist, bedarf der vorherigen Zustimmung des Verlages. Das gilt insbesondere für Vervielfältigungen, Bearbeitungen, Übersetzungen, Mikroverfilmungen, Auswertungen durch Datenbanken und für die Einspeicherung und Verarbeitung in elektronische Systeme. Alle Rechte, auch die des auszugsweisen Nachdrucks, der fotomechanischen Wiedergabe (einschließlich Mikrokopie) sowie der Auswertung durch Datenbanken oder ähnliche Einrichtungen, vorbehalten.

Impressum:

Copyright © 2016 GRIN Verlag
Druck und Bindung: Books on Demand GmbH, Norderstedt Germany
ISBN: 9783668682894

Dieses Buch bei GRIN:

https://www.grin.com/document/419477

Frank Pavlon

Welchen Einfluss hat der Führungsstil auf den Unternehmenserfolg?

Transaktionale und transformationale Führung

GRIN Verlag

GRIN - Your knowledge has value

Der GRIN Verlag publiziert seit 1998 wissenschaftliche Arbeiten von Studenten, Hochschullehrern und anderen Akademikern als eBook und gedrucktes Buch. Die Verlagswebsite www.grin.com ist die ideale Plattform zur Veröffentlichung von Hausarbeiten, Abschlussarbeiten, wissenschaftlichen Aufsätzen, Dissertationen und Fachbüchern.

Besuchen Sie uns im Internet:

http://www.grin.com/

http://www.facebook.com/grincom

http://www.twitter.com/grin_com

Inhaltsverzeichnis

1. Einleitung...S.1
2. Das Full-Range-Leadership-Modell...S.1
    2.1 Transaktionale Führung..S.2
    2.2 Transformationale Führung..S.3
3. Wirkung auf den Unternehmenserfolg..S.4
    3.1 Einfluss transaktionaler Führung auf den Unternehmenserfolg.................S.4
    3.2 Einfluss transformationaler Führung auf den Unternehmenserfolg............S.5
    3.3 Fazit...S.5
4. Rolle der Personalentwicklung..S.6
5. Literaturverzeichnis..S.8

1. Einleitung

Mitarbeiter gelten in der Literatur als eine der elementarsten Ressourcen des Unternehmens. Weiterhin verkörpern sie das Unternehmen in der Kommunikation mit Kunden, Lieferanten und anderen Personengruppen. Motivierte Mitarbeiter entwickeln Ideen und sorgen für Innovationen. Es ist deshalb nicht verwunderlich, dass Unternehmensführung und Vorgesetzte der Führung der Mitarbeiter höchste Priorität zukommen lassen um direkt auf Verhalten und Leistung Einfluss nehmen zu können.

Im Rahmen dieser Arbeit wird transaktionale sowie transformationale Führung beleuchtet. Dazu werden zunächst die zentralen Begriffe abgegrenzt und der Einfluss der Führungsstile auf den Unternehmenserfolg analysiert. Die Rolle der Personalentwicklung und im speziellen des Vorgesetzten als „Entwicklungsverantwortlichen" runden das Bild im Hinblick auf die Führungsansätze ab.

Schwerpunkt dieser Arbeit ist die Beurteilung transaktionaler- sowie transformationaler Führung. Andere Führungskonzepte, wie beispielsweise die Dualität der Mitarbeiter- und Aufgabenorientierung sowie geschichtliche Abrisse einzelner Konzeptionen, sind nicht Bestandteil dieser Arbeit.

2. Das Full-Range-Leadership-Modell

Die transaktionale wie auch transformationale Führung lässt sich über das Full-Range-Leadership-Modell von Bernard Bass definieren, welches B.J. Bernard Bass aus diesen Führungstheorien entwickelt hat (vgl. Bass und Riggio, 2006, S.9). In diesem Modell sind sieben „Subdimensionen" enthalten, welche sich wiederum auf die zwei zu thematisierenden Führungsverhalten verdichten lassen.

Dieses Modell ordnet die Subdimensionen auf einem zweidimensionalen Rahmen an, welcher die Pole aktives und passives, sowie effektives und ineffektives Führungsverhalten gegenüberstellt (vgl. Abb.1).

Mithilfe dieses Modells ist die Einordnung der Subdimensionen hinsichtlich des beschriebenen Kontinuums möglich und die Führungsdualitäten werden sichtbar.

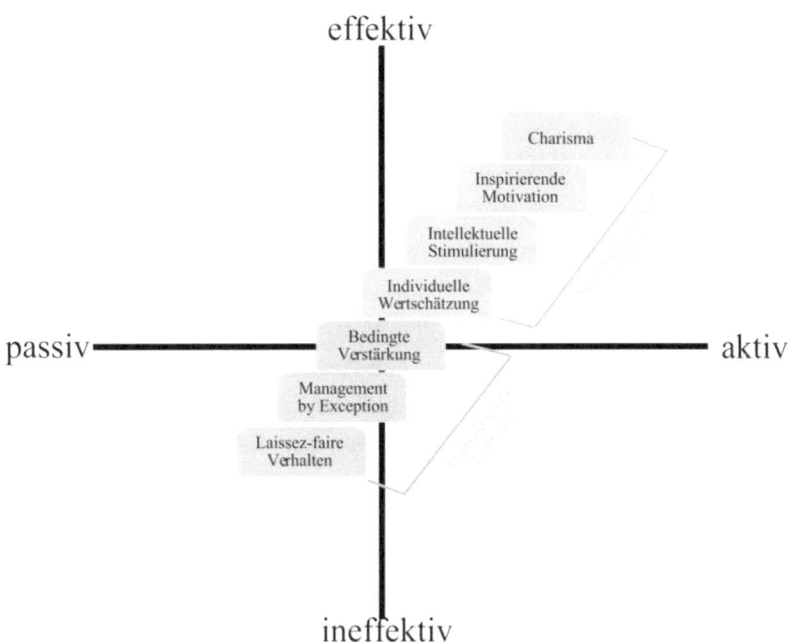

Abb. 1: Full-Range-Leadership-Modell, Quelle: Eigene Darstellung angelehnt an Bass and Riggio, 2006, S.10.

Durch diesen Ordnungsrahmen ist eine Grundlage gegeben um die zentralen Begrifflichkeiten zu definieren.

2.1 Transaktionale Führung

Im Zentrum des Transaktionalen Führens steht ein Austausch, eine „Transaktion". Die Führungskraft belohnt die Geführten für eine Leistung. Grundlage dieser „Transaktion" ist notwendigerweise ein Zielvereinbarungsprozess (Steyrer und Meyer, 2010, S.150), welcher die notwendigen Anforderungen im Hinblick auf die Zielerreichung enthält. Die transaktionale Führung setzt monetäre Anreize und belohnt somit die Zielerreichung bzw. diszipliniert die Nichterreichung. Diese Form des „Verstärkerlernens" kombiniert mit materiellen Anreizen zur Steigerung der Leistungsbereitschaft zeigt, dass hier der Fokus auf extrinsischer Motivation liegt. Um die transaktionale

Führung zu charakterisieren müssen die zugehörigen Subdimensionen beleuchtet werden (Bass et al., 2008, S.41).

Im Rahmen der „Bedingten Verstärkung" werden Rahmenbedingungen ausgehandelt, inwieweit der Geführte mit Zuwendungen wie z.B. Vergütung, Aufstiegsmöglichkeiten oder Statussymbolen bei Zielerreichung rechnen kann. Das *Management-by-Exception*, was Führung im Ausnahmefall bedeutet, wird im Kontext dieses Modells in aktives und passives unterschieden. Während beim passiven *Management-by-Exception* erst Feedback der Führungskraft erfolgt, wenn z.B. Kennzahlen unterschritten sind, ist die Führungskraft beim aktiven *Management-by-Exception* tendenziell permanenter Prozessbeobachter, welcher Maßnahmen oder Korrekturen einleitet. Das *Laissez-faire-Verhalten* hingegen beinhaltet keine Führung im eigentlichen Sinne. Die Führungskraft greift nicht ein, macht keine Vorgaben und sanktioniert auch nicht, was einen Austausch im Sinne der transaktionalen Führung unmöglich macht. Deshalb spielt der Anteil des Laissez-faire-Verhaltens im Rahmen der transaktionalen Führung eine eher unbedeutende Rolle.

2.2 Transformationale Führung

Charakteristisch für die transformationale Führung ist, dass die Geführten auf höhere Dimensionen der Bedürfnisbefriedigung gehoben werden sollen, wie man an den Subdimensionen des Verhaltens ablesen kann. Ziel hierbei ist, die Geführten zu zusätzlicher Leistung oberhalb der Erwartung von transaktionaler Führung bewegen zu können, indem versucht wird, die Haltung der Geführten zur Arbeit zu „transformieren" und einen übergeordneten Sinn zu stiften, denn „ [...] then, followers come to see their work as congruent with personally held values and as more meaningful." (Bono und Judge, 2003, S.555), was empirisch nachweisbar bessere Leistungen erzielen lässt (vgl. ebenda). Die Führungskraft spielt hier auf der Klaviatur folgender Subdimensionen um die Bedürfnisse der Geführten mit den Interessen des Unternehmens in Einklang zu bringen, sie zu ermutigen und im Gegensatz zur transaktionalen Führung intrinsisch zu motivieren: *Charisma* zeigt die Führungskraft durch Vorleben und kommunizieren einer Berufung um Vertrauen und auch Sympathie aufzubauen. Als Quelle für *inspirierende Motivation* werden Mitarbeiter emotional angesprochen indem z.B. Visionen anschaulich vermittelt werden und ein Gemeinschaftsgefühl erzeugt wird. Die *intellektuelle Stimulierung* erreicht die Führungskraft durch ein anregendes und anspornendes Klima um z.B. Kreativität und Innovationen zu fördern. Mit individueller Wertschätzung ist das persönliche Wahrnehmen und Eingehen der Führungskraft auf den einzelnen Mitarbeiter gemeint, was sich z.B. in individuellen Arbeitszeiten oder Rahmenbedingungen zeigen kann.

3. Wirkung auf den Unternehmenserfolg

Um den Einfluss von transformationaler sowie transaktionaler Führung auf den Unternehmenserfolg beurteilen zu können, werden nachfolgend erfolgswirksame Auswirkungen dargestellt. Zur besseren Übersicht werden die zwei Führungskonzepte getrennt besprochen.

3.1 Einfluss transaktionaler Führung auf den Unternehmenserfolg

Mit transaktionaler Führung wird Zielerreichung sichergestellt, was Planungssicherheit erzeugt. Zielerreichung kann als objektiver Führungserfolg bezeichnet werden, allerdings ist die Zufriedenheit der Mitarbeiter, welche ein Baustein für Mitarbeiterbindung, den Aufbau einer Arbeitgebermarke, etc. ist, ist in diesem Konzept unterrepräsentiert und resultiert ohne transformationale, mitarbeiterbezogene Führungsinstrumente folgerichtig in niedrigerer Mitarbeiterzufriedenheit (Steyrer und Meyer, 2010, S.152). Dementsprechend kann der Einfluss transaktionaler Führung auf den Unternehmenserfolg ohne weitere Kontextfaktoren nur unzulänglich beschrieben werden, da es mitarbeiterbezogene Konstellationen gibt, die transaktional erfolgreich zu führen sind. Denkbar wären hier z.B. aufgabenzentrierte Prozesse, in denen Innovationen oder aufgedeckte Potenziale nicht sinnvoll erscheinen oder Mitarbeiter ohne großes Autonomiestreben, mit hohem Orientierungsbedarf oder Mitarbeiter, welche eine hohe Machtdistanz wünschen. Unpassend wäre es beispielsweise, Mitarbeiter, welche z.B. flexibel auf eintretende Situationen reagieren sollen und mit entsprechenden Kompetenzen auszustatten sind, transaktional bzw. mit „Verstärkerlernen" zu führen. Dies zeigt, dass Mitarbeiter in kundenorientierten Aufgabengebieten transformational geführt bessere Leistungen bringen können, da Begeisterung, intrinsische Motivation, innere Überzeugung, etc. auf den Kunden übergehen.

3.2 Einfluss transformationaler Führung auf den Unternehmenserfolg

Subjektiver Führungserfolg zeigt sich in Zufriedenheit der Mitarbeiter und Effektivität der Prozesse (vgl. Streyer und Meyer, S.150). Die vom transformationalen Führer erzeugte Sinnhaftigkeit der Arbeitsaufgaben wirkt „magnetisch" auf die Mitarbeiter und stärkt die Identifikation mit dem Unternehmen, was sich in geringerer Mitarbeiterfluktuation, niedrigerem Krankenstand, Innovationsfreude, Zufriedenheit und Kreativität ausdrückt (vgl. Enste, Dominik et al., S.16). Diese Aspekte werden im Rahmen des Fachkräftemangels tendenziell wichtiger. Begeisterte Mitarbeiter, die stolz sind in diesem Unternehmen arbeiten zu können und die Führungskräfte als Vorbilder sehen, können überdurchschnittliche Leistungen erzielen und engagieren sich über den Arbeitsvertrag hinaus. Da transformationale Führung individuelle Förderung und Anregung zur Kreativität beinhaltet, werden somit auch Potenziale freigelegt, welche in hart umkämpften Branchen Wettbewerbsvorteile bieten. Wie bei transaktionaler Führung ist auch hier die Beurteilung abhängig vom Kontext, da es innerhalb einfacher Aufgabengebiete in Branchen mit stabilen Rahmenbedingungen mit einfach quantifizierbaren Zielen sinnvoller wäre, transaktional zu führen, beispielsweise im Sinne des Management-by-Exception.

3.3 Fazit

Die oben erwähnte Abhängigkeit von Umgebungsvariablen wie Mitarbeiter, Aufgabengebiet oder Rahmenbedingungen der Branchenumwelt lassen keine einfache Beurteilung des Sachverhaltes zu. Sinnvollerweise sollte ein Führungsansatz passend für die entsprechende Konstellation gewählt werden. Je offener und komplexer der Aufgabenbereich und je dynamischer die Umweltvariablen, desto eher wird die transformationale Führung ihre Wirkung entfalten und überdurchschnittliche Ergebnisse erzielen. Als Gegenpol eignet sich die transaktionale Führung eher dort, wo die Aufgabengebiete geschlossen und simpel sind und die Umwelt statisch und prognostizierbar. Die ideale Führungskraft allerdings sollte sich Elementen aus beiden Ansätzen bedienen (vgl. Bass und Riggio, 2006, S.8). Dies scheint insofern verständlich, als das die meisten Aufgabengebiete Routineaufgaben enthalten, welche transaktional z.B. mit passivem Management-by-Exception zu führen sind, sowie komplexe Aufgabengebiete in dynamischen Umfeldern, welche transformational geführt zu besseren Ergebnissen kommen. Nachfolgende Grafik soll diesen Zusammenhang nochmal vereinfacht wiedergeben.

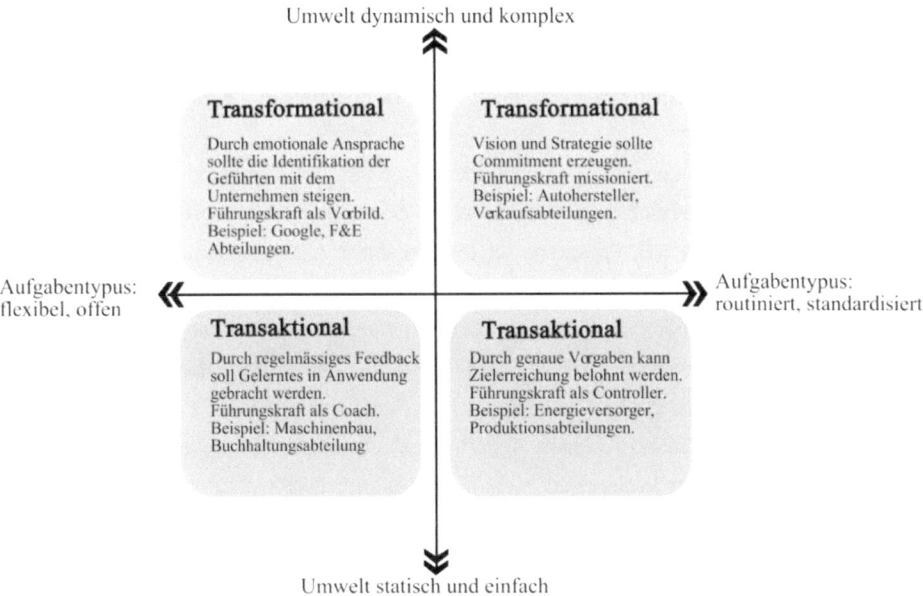

Abb. 2. Umweltvariablen. Quelle: Eigene Darstellung angelehnt an Steyrer and Meyer, 2010, S.153.

4. Rolle der Personalentwicklung

Als elementare Bausteine der transformationalen Führung gilt das intellektuelle Stimulieren und individuelle Förderung des Mitarbeiters. Die Führungskraft regt die Geführten an, altbewährte Lösungen zu hinterfragen und neue Lösungen zu generieren. Damit Führungskräfte Personalentwicklungskompetenzen haben, ist es Aufgabe der Personalentwicklung auch diese entsprechend zu entwickeln. Um die Mitarbeiter dort hingehend zu aktivieren, müssen sie mit Kompetenzen und Freiräumen ausgestattet sein. Im Rahmen der individuellen Förderung werden gezielte Entwicklungsmaßnahmen durchgeführt, mit dem Ziel einerseits mitarbeiterbezogen Zufriedenheit, Identifikation und Commitment zu stärken, andererseits um brachliegende Potenziale aus vorhandenen Ressourcen nutzbar zu machen.

Der Personalentwicklung kommt hierbei eine Schlüsselrolle zu. Ihre Aufgabe ist passende Maßnahmen für die Mitarbeiter zu entwickeln, welche sich mit persönlichen Entwicklungszielen decken und stimmig mit den Unternehmenszielen sind. Weiterhin obliegt der Personalentwicklung die Durchführung, das Controlling und Evaluation der Maßnahmen. Ohne die organisationale Unterstützung der Personalentwicklung würde ein entscheidender Baustein der transformationalen Führung fehlen.

Die Verantwortung der Führungskräfte liegt darin, den Geführten Entwicklungsmöglichkeiten zu eröffnen. Dazu sind Rahmenbedingungen notwendig, welche dies ermöglichen, wie z.B. Freiräume für experimentelle Lösungsansätze. Auch sollte die Führungskraft der Entwicklung der Mitarbeiter positiv gegenüberstehen und in regelmäßigen Gesprächen die Themen Qualifizierung und persönliche Weiterentwicklung ansprechen und den Erfolg von Maßnahmen beurteilen. Weiterhin ist die Führungskraft für die Standortbestimmung und das Aufdecken von Potenzialen durch die Nähe zum Mitarbeiter geeignet. Angefeuert durch Fachkräftemangel können es sich Unternehmen im Wettbewerb nicht mehr leisten Erfolgsfaktoren im Sinne von Mitarbeiterpotenzialen brach liegen zu lassen. Dort liegt der Verantwortungsbereich der jeweiligen Führungskraft.

5. Literaturverzeichnis

Bass, B.M., Bass, R., Bass, B.M., 2008. The Bass handbook of leadership: theory, research, and managerial applications, 4th ed., Free Press hardcover ed. ed. Free Press, New York.

Bass, B.M., Riggio, R.E., 2006. Transformational leadership, 2nd ed. ed. L. Erlbaum Associates, Mahwah, New Jersey.

Internetquellen:

Bono, Joyce E., Judge, Timothy A., 2003. Self-Concordance at work: toward understanding the motivational effects of transformational leaders.
Online unter URL:
http://www.jstor.org/stable/30040649
(letzter Zugriff: 02.03.2016).

Enste, Dominik, Eyerund, Theresa, Knelsen, Inna, 2013. In: Roman Herzog Institut: Führung im Wandel.
Online unter URL:
http://www.romanherzoginstitut.de/uploads/tx_mspublication/RHI-Diskussion_Nr._22.pdf
(letzter Zugriff: 06.03.2016).

Steyrer, J., Meyer, Michael, 2010. Welcher Führungsstil führt zum Erfolg? 60 Jahre Führungsstilforschung - Einsichten und Aussichten.
Online unter URL:
http://www.zfo.de/?mod=docDetail&docID=2453_12&fromtoc=1
(letzter Zugriff 26.02.2016).

Abbildungsverzeichnis

Abb. 1: Full-Range-Leadership-Modell...S.2
Abb. 2: Umweltvariablen..S.6

BEI GRIN MACHT SICH IHR WISSEN BEZAHLT

- Wir veröffentlichen Ihre Hausarbeit, Bachelor- und Masterarbeit

- Ihr eigenes eBook und Buch - weltweit in allen wichtigen Shops

- Verdienen Sie an jedem Verkauf

Jetzt bei www.GRIN.com hochladen und kostenlos publizieren